NOTICE
BIOGRAPHIQUE

SUR

M. VINCENS-SAINT-LAURENT,

ASSOCIÉ ORDINAIRE DE LA SOCIÉTÉ ROYALE ET CENTRALE D'AGRI-
CULTURE, CORRESPONDANT DE L'INSTITUT (Académie des Inscrip-
tions et Belles-lettres), ET MEMBRE DE PLUSIEURS AUTRES
SOCIÉTÉS SAVANTES ;

Lue à la Séance publique du 4 Avril 1826,

PAR A.-F. DE SILVESTRE,

Secrétaire perpétuel de la Société royale et centrale d'Agriculture,
Membre de l'Institut, etc., etc.,

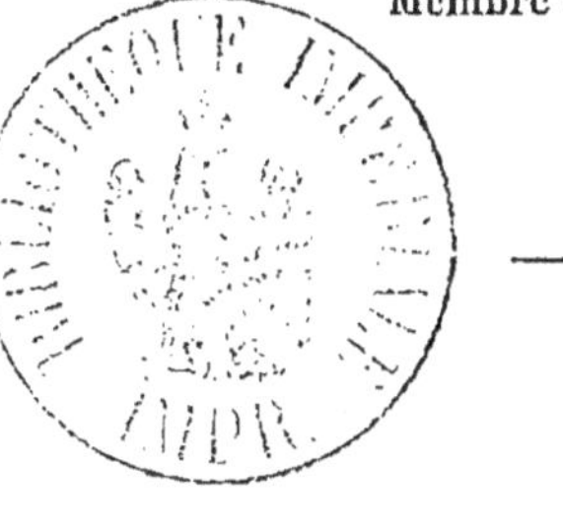

PARIS,

IMPRIMERIE DE Mme. HUZARD (NÉE VALLAT LA CHAPELLE),
Imprimeur de la Société,
Rue de l'Éperon Saint-André-des-Arts , n°. 7.

1826.

Extrait des *Mémoires de la Société royale et centrale d'Agriculture*, année 1826.

NOTICE BIOGRAPHIQUE

SUR

M. VINCENS - SAINT - LAURENT ;

PAR A.-F. DE SILVESTRE, Secrétaire perpétuel (1).

MESSIEURS,

Jacques Vincens-Saint-Laurent, membre de la Société royale et centrale d'Agriculture, correspondant de l'Institut, est né à Nismes, département du Gard, le 9 janvier 1758. Il était le second des quatre fils d'*Alexandre Vincens,* négociant recommandable et écrivain distingué. Doué du génie de la littérature, *Alexandre Vincens* avait publié divers ouvrages sur l'économie politique, sur l'histoire, sur les antiqui-

---

(1) Lue à la Séance publique de la Société royale et centrale d'Agriculture, le 4 avril 1826.

tés; il cultiva aussi la poésie; plusieurs de ses écrits avaient été insérés dans divers recueils littéraires et dans les *Mémoires de l'Académie du Gard,* dont il était membre; il avait fourni à l'Administration des observations sur le commerce, sur l'industrie et sur la statistique de la province, notamment sur celle du territoire de Nismes. Il avait hautement apprécié les avantages d'une bonne éducation, et il voulut surtout léguer à ses enfans ce bien, préférable dans son opinion, à toutes les richesses.

Le jeune *Saint-Laurent* fut, dès l'âge de neuf ans, éloigné de son pays natal, et envoyé au fond de la Suisse. Il entra dans une maison d'éducation, alors nombreuse et florissante, qui était établie au château d'Aldestein près Coïre, au pays des Grisons. Élevé au milieu des Alpes, séparé par cent cinquante lieues de sa famille, le jeune étudiant recueillit tous les avantages que peut donner une semblable position. Je ne prétends pas contester ici le mérite particulier des éducations faites dans la maison paternelle, ni de celles qui, dans les institutions publiques, peuvent être continuellement surveillées par de tendres parens; mais on doit convenir que cet isolement de la jeunesse, au temps des études, offre aussi des avantages remarquables sous certains rapports. En effet, l'enfant placé ainsi ne se voit pas l'objet perpétuel de sollicitudes qui préviennent tous ses vœux, qui accueillent ses plaintes, qui souvent excusent ses fautes, tolèrent sa négligence, lui laissent voir un ennemi personnel dans un maître sévère et attentif, et énervent ainsi son caractère et sa subordination. L'élève, lorsqu'il est éloigné de sa famille, est obligé de trouver en lui-même sa force, son courage, le principe de son émulation ; il est déjà comme il sera plus tard dans le monde ; il apprend à travailler sur lui, à ployer son caractère, à modifier ses goûts naturels pour être recherché par ses camarades, et à ne devoir ses succès qu'à son aptitude et à l'assiduité de ses efforts. Quoi qu'il en soit, dans une situation pareille, le jeune *Vincens* montra une grande activité de corps et d'esprit ; il devint fort de tempérament, fort de capacité, fort de réflexion et d'expérience, et il était homme fait lorsqu'il revint, à l'âge de seize ans, dans sa famille, après avoir terminé ses humanités, pendant lesquelles il avait souvent obtenu d'honorables distinctions. Il avait reçu aussi le germe de ces connaissances presque universelles qu'il posséda par la suite, et qui avaient été dès-lors préparées par l'étude des élémens des sciences physiques et naturelles, de l'histoire, de la géographie, et les notions premières de plusieurs langues vivantes ; occupations variées, qui, réveillant sans cesse la curiosité des jeunes élèves, et n'exigeant, pour leurs premiers élémens, que des efforts de mémoire, conviennent si bien à l'enfance ; époque de la vie où cette faculté de l'entendement est presque seule encore développée.

Pendant le cours de cette première éducation, M. *Vincens-Saint-Laurent*, quoique bien jeune, avait formé des liaisons qui furent durables ; il a conservé parmi ses condisciples de France, de Suisse et d'Allemagne, plusieurs amis distingués, et particuliérement le colonel *Laharpe*, instituteur de l'empereur *Alexandre*. Revenu à Nismes, il trouva de nouveaux moyens de perfectionner son instruction auprès de son père, qui, membre de l'Académie de Nismes, se plaisait à réunir chez lui à ses enfans de jeunes littérateurs laborieux, devenus presque tous par la suite membres de la même Académie. Ces travaux paisibles ne suffirent pas à *Vincens-Saint-Laurent* : il était doué d'une bonne constitution et d'une sorte de ténacité ; il voulait avec énergie et multipliait ses efforts en raison des obstacles qu'il rencontrait. Il désirait beau-

coup entrer dans l'état militaire ; il parvint à
surmonter à cet égard beaucoup de difficultés,
et à vaincre la répugnance de sa famille. En 1778,
il fut officier au régiment de Barrois infanterie ;
mais cette carrière, en temps de paix, n'offrant
pas un aliment suffisant à son activité, il s'at-
tacha à l'étude de l'administration militaire, et
au bout d'un petit nombre d'années, il se maria
dans une famille alliée de la sienne, et céda à
la condition qu'on lui fit de renoncer au service.
Ce fut alors qu'il acquit un domaine rural et
qu'il se livra avec ardeur à la vie agricole. Cependant il recherchait en vain la tranquillité ;
une révolution terrible se préparait en France,
il était difficile qu'un homme de talent et de
courage n'en fût pas plus ou moins atteint :
Vincens-Saint-Laurent fut forcé d'y prendre
part, et la conduite qu'il tint dans ces circons-
tances désastreuses fut honorable pour sa mémoire, on le vit presque toujours porter secours
aux malheureux, quelles que fussent leurs ban-
nières : c'est ainsi qu'en 1790, il exposa sa vie à
Nismes pour arracher des victimes à la ven-
geance du parti victorieux ; c'est ainsi qu'en
1792, nommé capitaine de l'un des bataillons
du Gard qui furent formés, il eut le bonheur
de sauver Lunel des horreurs d'un massacre ;

mais quand ces bataillons dûrent marcher à l'armée, les connaissances d'administration militaire de *Vincens-Saint-Laurent* l'appelèrent aux fonctions de commissaire des guerres, et bientôt après il fut nommé commissaire-ordonnateur en chef de l'armée des Alpes, commandée par M. *de Montesquiou*. Son zèle et sa persévérance surmontèrent les obstacles qui s'opposaient à l'organisation régulière de cette armée; l'occupation de la Savoie eut lieu; mais les partis se déchiraient alors en France et cherchaient à s'anéantir, sous le prétexte fallacieux du salut de la patrie. La faction qui dominait, voulant perdre le général de cette armée des Alpes, commença par attaquer le commissaire-ordonnateur : *Saint-Laurent* fut arrêté et conduit à la barre de la Convention pour répondre d'un marché qui était antérieur même à sa nomination; traduit pour cet objet au tribunal de Lyon, son innocence fut honorablement et unanimement reconnue, il fut renvoyé à ses fonctions : il était loin de songer à les reprendre ; pendant son procès, il s'était passé des événemens plus déchirans pour lui que l'injuste accusation dont il avait été l'objet ; *Vincens-Saint-Laurent* rentra dans sa famille et n'y jouit pas d'un long repos ; il prit une part active à l'insurrection dirigée par plusieurs départemens du midi contre la Convention. Cette insurrection bientôt réprimée avec une violence sanglante, *Vincens-Saint-Laurent* fut mis hors la loi : sa femme, son père et son frère furent emprisonnés; ses amis furent proscrits comme lui, ou égorgés sur l'échafaud. Quant à *Saint-Laurent*, il erra à pied dans tout le midi; il trouva quelques amis qui, d'asile en asile, lui facilitèrent les moyens de se rapprocher de Genève. Il osa, pendant ce voyage, pénétrer dans Lyon le jour même où les troupes de la Convention y entrèrent après le siége; son audace fut récompensée, il sauva deux de ses neveux qui s'y trouvaient renfermés. Il courut encore d'autres dangers imminens pendant cette route pénible: reconnu à la porte d'une auberge par un des hommes qui voulaient sa perte, il le coudoya rudement, et lui en imposant ainsi avec fermeté, il put continuer son chemin sans être arrêté; cependant il vit qu'il fallait hâter et cacher sa marche; il voyageait souvent le soir et prenait des chemins peu frayés; conduit pendant une nuit de décembre sur l'extrême frontière par un guide dont il était pressé de se débarrasser, il passa une partie de la nuit caché dans les roseaux et dans l'eau de l'Arve; le point du jour ranima son espérance, il s'élança sur

le pont au moment de son ouverture, et il pé-
nétra dans Genève. Inquiété encore dans cette
ville, il traversa le lac ; mais dans l'intérieur de
la Suisse même, il ne put trouver de tranquillité
qu'après qu'il fut arrivé au pays des Grisons,
dans le voisinage de cette maison d'éducation
qui avait été l'asile de sa première enfance.

Après la terreur, la rentrée de M. *Vincens-
Saint-Laurent* en France n'était pas encore sans
danger pour lui ; mais on avait forcé les femmes
des fugitifs à consentir au divorce : il alla plaider
en personne au tribunal civil de Nismes, et fit
juger que le divorce de sa femme n'avait pas été
libre et qu'il devait être annullé ; cependant les
autorités du temps continuèrent à le tourmenter
et il fut obligé d'aller passer deux années à Gênes,
auprès de M. *Émile Vincens*, son frère.

Une vie aussi agitée avait laissé à M. *Vincens-
Saint-Laurent* peu de moyens de cultiver les
sciences et la littérature ; à son retour à Nismes,
il se livra avec zèle à ce genre d'occupation. Il
aimait particulièrement celles des entreprises
littéraires qui demandent les recherches les plus
approfondies, les travaux les plus prolongés et
qui exigent l'attention la plus soutenue. On
peut remarquer en ce genre ses *Mémoires sur
la statistique, sur l'archœologie* ; ses *Notices*

biographiques, et son. *Mémoire sur l'industrie manufacturière du département du Gard*, qui lui avait coûté des peines infinies ; il avait été forcé de réunir lui-même les matériaux de cet immense travail, et il savait donner de l'intérêt aux détails les plus arides et les plus minutieux, par les vues d'économie publique qu'il avait l'art d'y rattacher. C'était pour la plus grande prospérité de son département qu'il avait rédigé ce mémoire; c'était pour répandre encore un plus haut degré d'intérêt sur Nismes, sa ville natale, qu'il avait décrit soigneusement beaucoup de monumens anciens, de médailles, d'inscriptions découvertes depuis 1758, époque de la publication de l'ouvrage du docte et laborieux *Ménard*. Cette savante dissertation a été jointe par lui à l'édition qu'il a donnée de la *Topographie de Nismes*, ouvrage de MM. *Beaume* et *César Vincens*, couronné en 1790 par la Société royale de médecine.

M. *Vincens-Saint-Laurent* avait été nommé membre et secrétaire-adjoint de l'académie du Gard ; il se trouvait pourvu de toutes les connaissances que réclame la variété des travaux d'une société qui s'occupait en même temps de sciences, d'antiquités, d'histoire et de littérature. Il a fait plusieurs fois le rapport annuel des

séances de cette académie, et il se montre telle-
ment au courant de chacune des parties qu'il
est appelé à traiter, qu'on peut alternativement
supposer qu'il est physicien, naturaliste, agriculteur, antiquaire ou poëte, et l'on trouve toujours en lui l'excellent écrivain. C'est dans ses
nombreuses notices biographiques qu'il montre
sur-tout un talent supérieur; la plupart de ces
notices avaient pour objet l'éloge nécrologique
des membres de l'Académie du Gard; et elles
font concevoir une haute idée des travaux de
cette académie et des hommes recommandables
qui en ont successivement fait partie. M. *Vincens-
Saint-Laurent* ne néglige aucune recherche, aucune lecture, aucune étude pour rendre une
justice entière à la mémoire de ses confrères, et
faire apprécier les services qu'ils ont rendus aux
sciences, aux lettres ou à la morale, leur conduite publique ou privée, et les traits exemplaires
qui caractérisent la vie de chacun d'entre eux.
Plusieurs de ces notices sont des ouvrages assez
étendus : telles sont celles de MM. *Griolet*, d'*Ai-
galliers*, et d'*Ornac de Saint-Marcel*; un grand
nombre d'autres ne sont que des articles destinés
à la *Biographie universelle*, de M. *Michaud*. On
y trouve particulièrement celle de ce P. *Bri-
daine*, si célèbre par le nombre de ses missions

et par son éloquence quelquefois bizarre, mais toujours vive, impétueuse et souvent sublime : celles de *Cavalier*, *Roland*, et *Maurel* dit *Catinat*, ces chefs hardis des Camisards, auxquels un courage opiniâtre tint en quelque façon lieu d'éducation première et de connaissances militaires ; celles du célèbre physicien *Déparcieux* ; celle de l'abbé *Sauvage*, auteur du *Traité d'éducation des vers à soie* ; celle de ce *Jean Fabre*, modèle d'amour filial, dont le généreux dévouement a fait le sujet du drame que *Fenouillot de Falbert* a donné sous le titre de *L'honnête criminel* ; et celle de cet autre *Fabre*, troubadour du treizième siècle, condamné alors au fouet pour avoir été convaincu de plagiat ; châtiment gothique, depuis long-temps effacé du code pénal et qui ne cause plus d'effroi à personne.

Ces notices et un assez grand nombre d'autres qui font partie du même ouvrage, ont pour objet des hommes célèbres nés dans le département du Gard ; et ils ne pouvaient trouver un plus éloquent et plus scrupuleux panégyriste que leur savant compatriote. Je dois néanmoins, Messieurs, faire une mention particulière de la *Notice biographique* de *François Traucat*, jardinier de Nismes, qui vivait au seizième siècle et pour lequel M. *Vincens-Saint-Laurent* re-

vendique l'honneur d'avoir, le premier, planté
et multiplié le mûrier en France. Cette notice a
été couronnée par vous, lorsque son auteur
n'était encore que votre correspondant, et elle
a contribué à vous faire désirer qu'une circonstance heureuse le fixât à Paris et vous permît
de l'affilier plus intimement à vos travaux.

M. *Vincens-Saint-Laurent* ne put se défendre
toujours de cultiver la poésie : il ne se croyait
pas né poëte ; cependant il faisait quelquefois de
vains efforts pour résister au besoin impérieux
de faire résonner les cordes de sa lyre ; mais la
plupart des vers qu'il avait faits étaient détruits
par lui-même presque aussitôt que tracés, et ses
enfans, fidèles observateurs de ses volontés, ont
condamné à l'oubli ceux qui, à sa mort, avaient
échappé à sa rigoureuse résolution. Les *Mémoires
de l'Académie du Gard* ont conservé néanmoins
quelques fragmens de ses poésies, tels que la
traduction d'une partie des *Élégies* de *Lotichius
secundus*, poëte latin du seizième siècle, qui
avait été l'objet d'éloges peut-être un peu exa-
gérés de la part de *Burmann*, de *Camerarius*, et
de l'historien *de Thou*. Malgré de si imposantes
autorités, la poésie de *Lotichius* ne me semble
pas égaler celle de *Tibulle* et d'*Ovide* ; mais le
traducteur a rendu avec grâce et bonheur les

pensées du poëte allemand, et il a fait précéder
ce travail d'une savante dissertation sur les poëtes
latins du moyen âge.

M. *Vincens-Saint-Laurent* a fait, en poésie, une
entreprise qui paraîtrait audacieuse s'il ne pré-
venait le reproche par l'extrême modestie dont
il accompagne sa tentative : il a écrit un nouveau
dénouement pour le *Tartufe* de *Molière*. Il ra-
conte que, dès qu'il avait été capable de lire at-
tentivement le *Tartufe*, il avait partagé une
opinion assez commune sur les défauts de la
dernière scène de cet immortel ouvrage; il a
long-temps repoussé comme un sacrilège le dé-
sir d'essayer d'y substituer un dénouement qu'il
avait conçu : ses scrupules, à cet égard, ont ré-
sisté pendant trente ans ; mais « arrivé, dit-il,
» sur les confins de la vieillesse, je dois croire
» que ma force morale a été affaiblie, puisque
» j'ai eu la faiblesse de succomber à la tenta-
» tion. » Je ne prétendrai point ici que M. *Saint-*
Laurent l'ait emporté dans cette circonstance
sur le plus beau génie, peut-être, dont la France
puisse s'honorer ; mais la variante qu'il a pro-
posée peut suspendre un moment le jugement
des hommes de lettres : c'est beaucoup pour sa
gloire ; c'est plus qu'il ne se flattait d'obtenir.

J'ai déjà eu occasion de remarquer que M. *Vin-*

cens-*Saint-Laurent* possédait parfaitement les langues allemande et italienne; vous le chargiez fréquemment de vous rendre compte des ouvrages scientifiques qui vous étaient adressés dans ces idiomes. Son goût pour la littérature lui avait fait lire avec grand soin le *Théâtre allemand*; il en avait traduit plusieurs pièces : quelques-unes d'entre - elles, qui faisaient partie du *Théâtre* de Kotzbue ont été imprimées, en 1822, et forment un des volumes de la collection connue sous le titre de *Chef-d'œuvres des théâtres étrangers*. Les pièces contenues dans ce volume sont précédées de préfaces historiques, et le traducteur a commencé l'ouvrage par une notice biographique, dans laquelle, en rendant justice à la fécondité quelquefois heureuse de Kotzbue, il rend aussi un hommage éclatant et raisonné aux principes de la littérature classique auxquels un homme aussi judicieux et aussi éclairé ne pouvait manquer de rester fidèle. M. *Vincens-Saint-Laurent* a été de plus éditeur du volume de cette même collection qui contient les pièces de théâtre traduites du suédois; il est auteur d'une dissertation savante insérée dans ce volume, et qui embrasse toute la littérature suédoise. Il a fait quelquefois aussi un plus important usage de la connaissance approfondie qu'il avait de la

langue allemande : il a traduit en français le second volume d'un ouvrage intitulé : *Manuel historique du système politique des États de l'Europe
et de leurs Colonies, depuis la découverte des
deux Indes.* Ce livre est rédigé par le célèbre
professeur de Goettingue, M. *de Heeren*, et le
premier volume seul avait jusqu'alors été publié
en français. Le traducteur a fait preuve d'une
impartialité remarquable, en publiant un ouvrage dont il reconnaît le haut mérite, bien que,
d'après les notes et la préface qu'il a cru devoir
y ajouter, on voie qu'il ne partage pas toujours
les opinions de l'auteur. Quoi qu'il en soit, on
peut, ce me semble, regarder cette publication
comme un grand service rendu à la science de
l'économie politique.

Je ne vous ai encore montré, Messieurs, M. *Vincens-Saint-Laurent* que comme littérateur, poëte,
publiciste et antiquaire; et vous êtes peut-être surpris qu'un homme que, depuis longues années,
vous vous étiez attaché comme correspondant
et que vous vous êtes empressés de nommer
membre résidant de votre Société lorsqu'il est
venu habiter Paris, ne vous ait pas encore été
présenté comme agriculteur; mais, sous ce rapport sur-tout, la notice que je mets sous vos
yeux prendrait beaucoup d'importance et serait

susceptible d'un plus grand développement. Dès l'époque de son mariage, M. *Saint-Laurent*, devenu propriétaire, s'était livré à la pratique de l'économie rurale. Pourvu d'un si grand nombre de connaissances variées, éclairé par les observations répétées que l'étude des sciences naturelles et ses voyages lui avaient fournies, il avait cherché à introduire dans son domaine les plus fécondes améliorations; il avait fait à l'Académie du Gard, comme il vous a adressé depuis, des rapports nombreux sur différens objets d'économie rurale et publique; il a rédigé des observations sur la vaccination des bêtes à laine, et sur la culture du coton dans le département du Gard; il avait cultivé le ricin en grand sur sa propriété; il avait étudié toutes les parties de l'agriculture; mais il s'était principalement attaché à l'éducation des vers à soie, à l'amélioration et au bon emploi de leurs produits. Il publia à Nismes des mémoires sur les maladies auxquelles ces insectes sont sujets; il en publia d'autres sur l'origine de la soie et sur l'introduction du mûrier en France; ses longues recherches et les travaux qu'il exécuta à cet égard dans son domaine, pendant plusieurs années, le mirent à même de rédiger l'excellente *Instruction* qu'il a insérée à l'article Ver a soie, dans le

Nouveau cours d'Agriculture, rédigé par les membres de la section d'agriculture de l'Institut. Ce morceau est un traité complet sur la meilleure manière d'élever les vers à soie ; la pratique y est jointe à la théorie, et elle est appuyée sur les expériences les plus récentes et les plus positives, dont plusieurs appartiennent à l'auteur, et qui toutes ont été répétées et vérifiées par lui.

Je suis forcé de m'arrêter, Messieurs : une longue vie, occupée par des travaux si nombreux et si variés, ne peut être retracée dans une courte notice ; l'éloge de M. *Vincens-Saint-Laurent* demande un plus grand espace, et sans doute il obtiendra, quelque jour, cette narration détaillée qui est due à sa mémoire, et qu'il a généreusement accordée lui-même à plusieurs de ses devanciers. J'abandonne à regret de plus grands détail sur ses travaux ; j'abandonne avec plus de regrets encore de plus grands détails sur sa vie privée : après vous l'avoir dépeint savant et laborieux, j'aurais aimé à vous le montrer fidèle à l'amitié, à la reconnaissance, à la charité chrétienne. Ses amis les plus chers furent toujours ceux de son enfance : un jour de services qui lui avaient été rendus au temps où il fut proscrit, fut acquitté par les secours et

les soins assidus que, jusqu'à sa mort, il prodigua
à la famille tout entière de celui qui l'avait généreusement accueilli dans sa détresse. Vraiment
philantrope, il saisissait avec empressement
toutes les occasions de servir l'humanité. Membre de plusieurs Sociétés de bienfaisance, il les
dirigeait et leur donnait l'exemple des sacrifices.
Dans le cours d'une vie très-agitée, son talent
l'a souvent fait appeler à des fonctions supérieu-
res; pendant très long-temps membre du Conseil
général de son département, Député pendant
quelques momens, presque toujours membre
du Consistoire protestant, il était resté dans cet
état de fortune médiocre qu'il avait reçue de ses
pères. Aussi inébranlable dans la prospérité
qu'il l'avait été dans les prisons de la Convention,
il restait toujours sans orgueil, sans ambition,
sans peur et sans reproche. Je transcris ici textuel-
lement et avec plaisir une note qu'un de ses amis
intimes a tracée sur son caractère. « Il avait,
» dit-il, une prodigieuse activité, que l'âge sem-
» blait accroître ; le besoin de l'occupation ; la
» passion d'être utile aux choses et aux per-
» sonnes, et cela avec un parfait désintéresse-
» ment même d'amour-propre ; une entière
» droiture ; l'aversion de l'injustice ; et une fran-
» chise sans ménagemens, unie à la plus grande

» vivacité ; il s'accusait, ou se louait d'avoir sou-
» tenu avec véhémence les opinions modérées.
» C'est ainsi qu'il avait acquis un grand nombre
» d'amis passionnés ; tandis qu'il avait été pros-
» crit par la Convention, persécuté sous le Di-
» rectoire, sans faveur sous l'Empire, calomnié
» et dénoncé au commencement de la Restaura-
» tion. »

Cependant la constitution physique de M. *Vincens-Saint-Laurent* avait été ébranlée par tant de
chocs divers : dès 1795 il fut attaqué d'un
catarrhe chronique qui le faisait beaucoup souf-
frir ; ce mal acquit de la gravité au mois d'avril
dernier, et parut être le principe d'une fluxion
de poitrine qui présenta bientôt les caractères
les plus alarmans ; les huit derniers jours de sa
maladie furent remplis par un délire presque
continuel. Pendant ce temps, il racontait son
histoire, il parlait de ses travaux littéraires ;
mais dans ses momens lucides, il sentait bien
qu'il n'avait plus que peu de temps à vivre ; il
s'entretenait avec sang-froid de sa dernière
heure, et faisait de vains efforts pour calmer la
profonde douleur dont il voyait pénétrés les
parens et les amis qui l'environnaient et qui
adressaient au ciel d'inutiles vœux pour obtenir
la conservation de l'être chéri qui bientôt devait

n'être plus pour eux que l'objet d'éternels regrets.

M. *de Saint-Laurent* est mort le 6 mai 1825 ;
il laisse un fils et une fille dignes de lui : le premier, élevé par son père, remplit aujourd'hui
avec distinction la place de substitut du Procu-
reur-général à la Cour royale de Paris.

BIBLIOTHEQUE NATIONALE DE FRANCE